THIS BOOK BELONGS TO

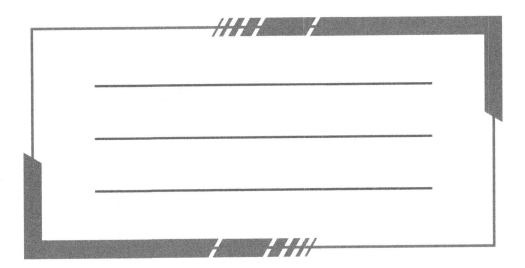

Olympic Coloring Activities

Khallifah Rosser

HURDLES

-2022 Rabat Diamond League 400mh Winner
-2022 USA Nationals 400mh Bronze
-2022 World Championships 400mh

Hometown:
Fontana, CA

KHALLIFAH_LANE5

WORLD ATHLETICS CHAMPIONSHIPS

Noah Lyles
SPRINTS

-2019 World Championships 200m Gold
-2020 Olympic 200m Bronze
-2022 World Championships 200m Gold
-American 200m Record Holder
- 2023 100m & 200m World Champions Gold

Hometown: Gainsville, FL

NOJO18

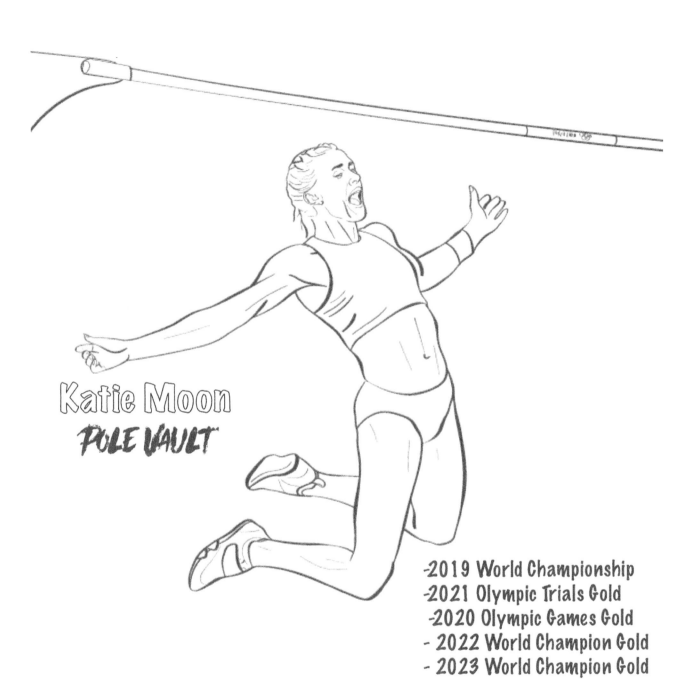

Katie Moon
POLE VAULT

-2019 World Championship
-2021 Olympic Trials Gold
 -2020 Olympic Games Gold
 - 2022 World Champion Gold
 - 2023 World Champion Gold

Hometown:
Lakewood, OH

KTNAG013

Fred Kerley
SPRINTS

-2017 World Championships 400m
-2019 World Championships 400m Bronze
-2020 Olympic Games 100m Silver
-2022 World Championships 100m Gold

FKERLEY99

Hometown:
Taylor, TX

Jaleen Roberts

SPRINTS / LONG JUMP

-2019 World Championship Silver
-2020 Paralympic Long Jump Silver
-2020 Paralympic 100m Silver
-2023 World Championship Silver

Hometown:
Kent, Washington

JALEENROBERTS

Marquis Dendy
LONG JUMP

Hometown:
Wilington, DE

-2018 Outdoor National Bronze
-2021 Olympic Trials Silver
-2020 Olympic Games
-2022 World Championship Finals

CHECKTHESKY

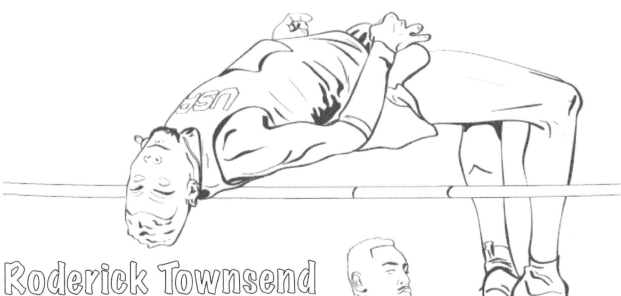

Roderick Townsend

HIGH JUMP / LONG JUMP

- 2020 Paralympics Long Jump Silver
- 2020 Paralympics High Jump Gold
- 2024 ParaWorlds High Jump Gold
- Para T47 High Jump World Record

Hometown: Stockton, CA

THEJUMPADDICT

Chris Benard
TRIPLE JUMP

DESIGN THE UNIFORM!

- 2016 Olympic Trials Bronze
- 2016 Olympic Games
- 2020 Olympic Trials Bronze
- 2020 Olympic Games
- 2023 World Championship Team

Hometown: Corona, CA

FLYYLIKECHRISB

SPRINTS

Quanera Hayes

HAYES

DESIGN THE UNIFORM!

-2017 USA Championship 400m Gold
-2021 Olympic Trials 400m Gold
-2020 Olympic Games
-2021 Diamond League Champion

Hometown: Hope Mills, NC

PRETTY_QUINN1908

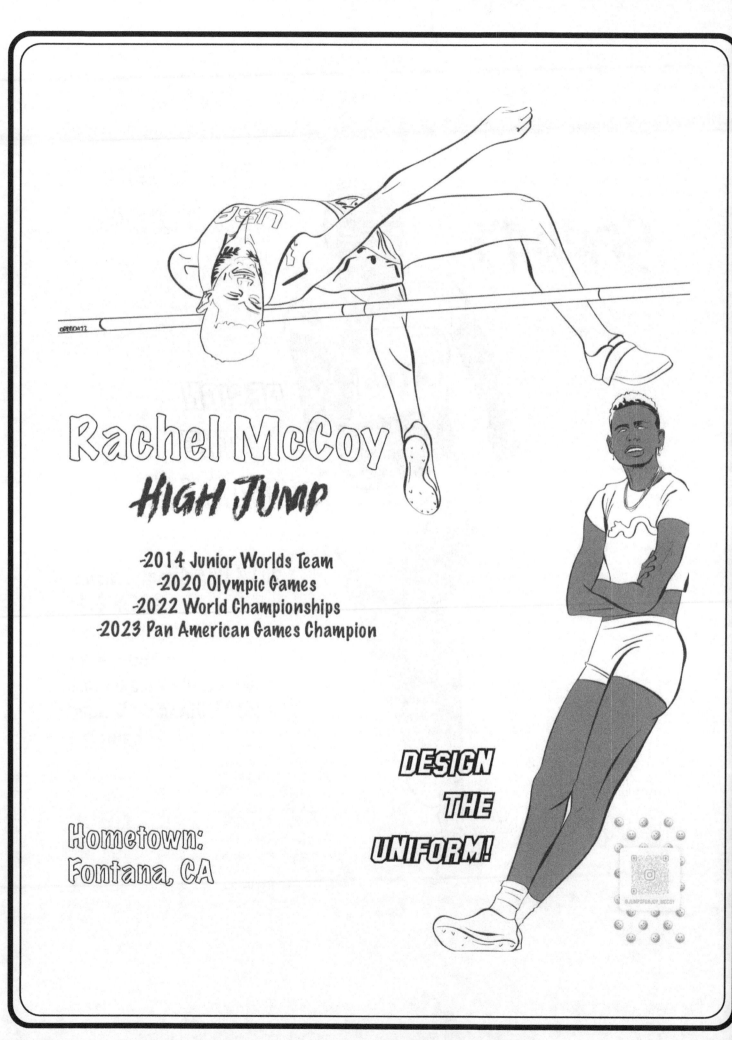

Rachel McCoy
HIGH JUMP

-2014 Junior Worlds Team
-2020 Olympic Games
-2022 World Championships
-2023 Pan American Games Champion

DESIGN THE UNIFORM!

Hometown:
Fontana, CA

@JUMPSFORJOY_MCCOY

Trenten Merrill

SPRINTS / JUMPS

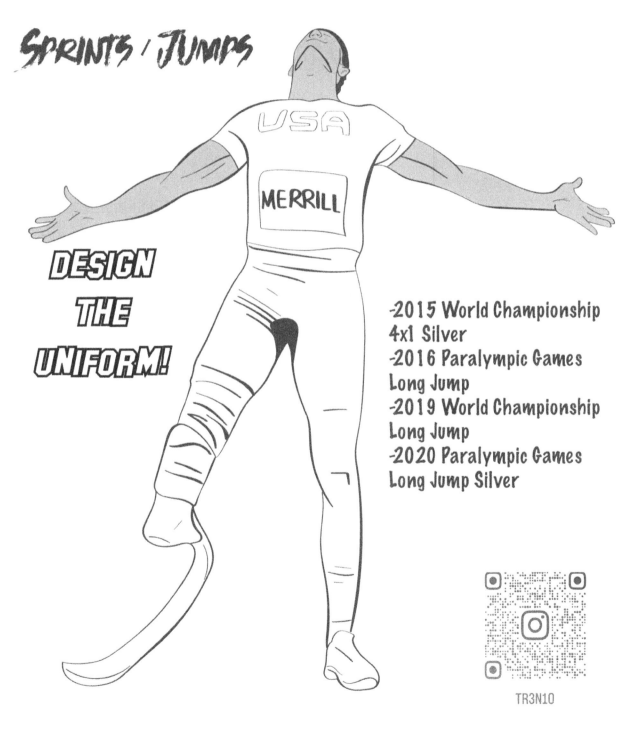

DESIGN
THE
UNIFORM!

-2015 World Championship
4x1 Silver
-2016 Paralympic Games
Long Jump
-2019 World Championship
Long Jump
-2020 Paralympic Games
Long Jump Silver

TR3N10

Grant Holloway
HURDLES

-2019 World Championships Gold
-2020 Olympic Games Silver
-2022 World Championships Gold
-2023 World Championships Gold
-60mh World Record

Hometown:
Chesapeake, Va

Allyson Felix

SPRINTS

5x Olympian

-2004 & 2008 Olympic Games 200m Silver
-2012 Olympic 200m Gold
-2016 Olympic Games 400m Silver
-2020 Olympic Games 400m Bronze

Hometown:
Santa Clarita, CA

Sydney McLaughlin-Levrone

HURDLES

-2019 World Championships Silver
-2020 Olympic Games Gold
-2022 World Championships Gold
-400mh World Record Holder

Hometown:
New Brunswick, NJ

Tara Davis
LONG JUMP

-2021 Collegiate Long Jump Record
-2020 Olympic Games
-2023 World Championships Silver
-2024 Indoor World Championships Gold

Hometown:
Agoura Hills, CA

Olympic Coloring Activities

Tori Franklin

TRIPLE JUMP

-2017 World Championships
-2019 World Championships
-2021 Olympic Trials Silver
-2020 Olympic Games
-2022 World Championship Bronze

Hometown:
Evanston, Il

LIVEHAPPII

Olympic Coloring Activities

Chase Ealey Jackson

SHOT PUT

Hometown:
Los Alamos, NM

-2019 World Championships
-2019 Diamond League Silver
--2022 World Championship Gold
-2023 World Championship Gold

CHASEYPOOSP

Olympic Coloring Activities

Brooke Andersen

HAMMER THROW

-2019 World Championship Silver
-2021 Olympic Trials Silver
-2020 Olympic Games
-2022 World Championship Gold

Hometown:
San Diego, CA

BROOKE_ANDERSEN

Olympic Coloring Activities

Kara Winger
JAVELIN

-2017 World Championships
-2019 World Championships
-2021 Olympic Games
- 4 Time Oympian
-2022 Diamond League Champion
-American Record Holder (68.11m)
-2022 World Championship Silver

Hometown:
Seattle, Washington

KARATHROWSJAV

Olympic Coloring Activities

SPRINTS

Elijah Hall

-2017 US Nationals 200m Bronze
-2017 World Championship
-Indoor 200m American Record Holder

Hometown: Katy, TX

-2022 World Championship 4x1 Silver

Marvin Bracey

-2016 Olympic Trials 100m Bronze
-2016 Olympic Games 100m
-2022 World Championships 100m Silver

Hometown: Orlando, FL

_ELIHALL

BRACEYASELF

Olympic Coloring Activities

Josh Awotunde

SHOT PUT

DESIGN
THE
UNIFORM!

-2019 USA Championships
-2022 USA Championships Bronze
-2022 World Championships Bronze

Hometown:
Franklinville, NJ

TWENTYTUNDE

Olympic Coloring Activities

Jerome Avery

PARA GUIDE RUNNER

DESIGN THE UNIFORM!

-2004 Paralympic Games
-2008 Paralympic Games
Gold 100m
-2012 Paralympic Games
Silver Long Jump
-2016 Paralympic Games
Gold 100m

JEROMEAVERY

Olympic Coloring Activities

Curtis Thompson

JAVELIN

-2018 US Championship Gold
-2021 Olympic Trials Gold
-2020 Olympic Games
-2022 World Championshiop Finals

DESIGN THE UNIFORM!

Hometown: Trenton, NJ

CURT_THOMPSON

Olympic Coloring Activities

Lagi Tausaga

DISCUS

-2022 World Championship Team
-2022 NACA Championship Gold
-2023 World Champion Gold

Hometown:
Hawaii

Olympic Coloring Activities

Rai Benjamin
HURDLES

-2019 World Championship Silver
-2020 Olympic Games Silver
-2022 World Championship Silver
-2023 World Champion Bronze

Hometown:
Mount Vernon, NY

OLYMPIC COLORING ACTIVITIES

Shacarri Richardson

SPRINTS

-2023 World Championships 100m Gold
-2023 World Championships 200m Bronze

Hometown:
Dallas, TX

Olympic Coloring Activities

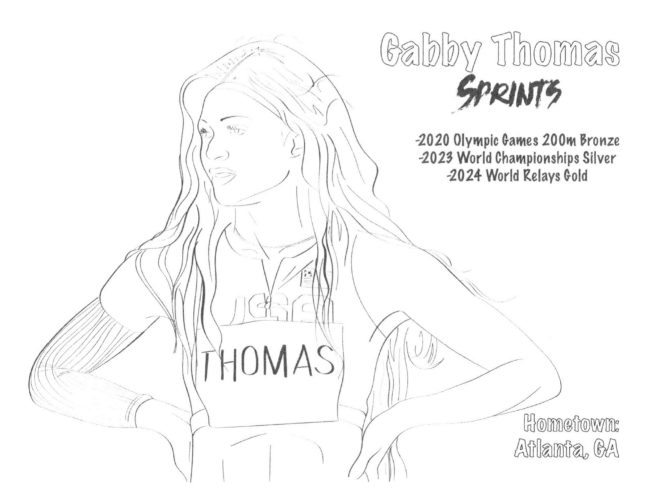

Gabby Thomas
SPRINTS

-2020 Olympic Games 200m Bronze
-2023 World Championships Silver
-2024 World Relays Gold

Hometown:
Atlanta, GA

THOMAS

Olympic Word search Puzzles

OLYMPIC WORD SEARCH

FIND THE FOLLOWING WORDS IN THE PUZZLE. WORDS ARE HIDDEN DOWN AND ACROSS.

```
H N S S I Q E Y R U F J H S A
T X R P Z E C J L Q V T Z T S
N O T R T F P P A A R Q N A V
R P S I R G J E M O N Z F D J
Z E J N A R F G V Z S T A I E
J T H T T Z M G Y A L E R U C
T C C Z S E H T R A C K W M I
W Q E Q N U Y H Z T Y N G J V
S O S Q R O S T S J L I U N F
V I C D V I T W N U D I U M R
W K L Y N F M A U C B J R T J
N E R I T E I A B S A P E A A
S H F U O A B E Q L P Z L P R
J K S C U C D D L R K E A K L
S O S D P E Z P O D D R P P Q
```

BATON	HURDLES	STADIUM
FIELD	RELAY	START
FINISH	SPRINT	TRACK

Olympic Word Search

Find the following words in the puzzle. Words are hidden down and across.

```
N Z K C K G K V K G Z D Y U H
D M Z H U K O G D H I S M F Z
V V R X R Z K Z B S L A D E M
W H E D O D V F T S Y U R J K
Y F V J L Y V A U E E L G H W
A H L L A O N U E I R S S Y U
Z A I U O C G J N M Z A K F F
J E S I E J G L H A E U C U J
D U L M I E W B C U P K T E H
K J X Q Z N O H T A R A M L I
G J L N P O D I U M Q O V A Z
B L O S I P I X U V D E Z P I
G R P L M Q S T K N U K W H A
B U G Y M N R P L K T V S G A
T P C J N X Z V A D Z Y Y N R
```

BRONZE	LAP	PODIUM
DISTANCE	MARATHON	RACE
GOLD	MEDAL	SILVER

Olympic Word Search

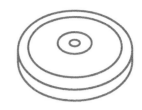

Find the following words in the puzzle. Words are hidden down and across.

```
S V J N Z E I D M Y H Y B S Q
H U C P O Y C P G A C G T Y N
O S L J X L V C M V I F L L O
T H E V A T H M Z C R N Y N L
P Z T Q U V E T C V O N L F H
U L T E R R E B A L V W G N T
T Y H Q T N O L H T A C E D A
G G W H W S G T I R P X O T T
Q H R S H U A E K N S E D X N
H O Z F I I W D P C R N H V E
W R O G R M O S Q T F F C N P
S X V T D I S C U S Z T J M N
P M U J G N O L N X S Y Y O Q
P J S O A N D V X E A E I W D
Z Z W Q X Z W L N J F A H A H
```

DECATHLON   HEPTATHLON   PENTATHLON

DISCUS   JAVELIN   SHOT PUT

HAMMER THROW   LONG JUMP   TRIATHLON

OLYMPIC WORD SEARCH

Find the following words in the puzzle. Words are hidden down and across.

```
K A V M H W Z H A F J S I Z Z
V U U V C Y I I Z L G K V V X
V N W Z H G H Q X A C C E G D
V I A O H L S W O J X O W G W
J C Q J F U S N S O E L N C D
B T U F D G O T A N B B T J R
J M C L O Z O N I Q T G R C P
P T L U A V E L O P L N I U N
V G F K A N H O A P A I P R I
C H F A L S E S T A R T L V P
N Z P P I O Z O O P M R E E C
I A L N C F O S Q M X A J Q Y
D P I K G I U L F I P T U B Z
F F Q L R F W P H J Z S M S C
Y A W A T H G I A R T S P D P
```

CURVE	HIGH JUMP	STARTING BLOCKS
FALSE START	LANE	STRAIGHTAWAY
FINISH LINE	POLE VAULT	TRIPLE JUMP

OLYMPIC WORD SEARCH

FIND THE FOLLOWING WORDS IN THE PUZZLE. WORDS ARE HIDDEN DOWN AND ACROSS.

```
M  V  M  B  A  F  F  P  R  I  T  U  B  F  S
B  K  Z  G  I  G  P  R  F  D  P  F  B  H  E
T  U  T  N  I  I  U  X  Z  J  I  Q  W  L  M
V  S  A  D  R  O  C  E  R  D  L  R  O  W  I
V  L  E  O  Q  O  S  Z  N  G  I  C  B  F  F
M  B  Q  B  Y  X  M  S  N  E  V  A  E  Y  I
H  E  A  T  L  Q  W  I  W  Y  X  G  M  N  N
Q  D  W  E  M  A  M  Z  T  I  G  Z  I  L  A
D  U  J  J  Y  I  N  J  Y  V  C  B  T  C  L
M  O  A  F  T  U  Y  O  D  U  D  K  T  F  V
P  N  T  L  R  Z  K  R  S  Z  A  J  I  J  U
Y  S  C  O  I  B  P  V  P  R  U  U  L  R  D
L  J  C  U  J  F  W  B  U  B  E  Q  P  B  D
M  A  M  S  G  B  Y  H  E  J  O  P  S  H  E
S  T  O  P  W  A  T  C  H  U  J  N  B  J  R
```

FINAL	QUALIFY	STOPWATCH
HEAT	SEMIFINAL	TIMING
PERSONAL BEST	SPLIT TIME	WORLD RECORD

Olympic Word Search

Find the following words in the puzzle. Words are hidden down and across.

```
S  T  B  F  F  H  T  R  S  V  H  M  R  G  U
W  P  R  N  G  E  Q  B  J  S  K  Y  I  W  N
Q  C  C  A  R  N  K  M  I  W  X  F  R  N  I
V  U  R  P  C  W  I  N  D  G  A  U  G  E  F
S  C  R  M  A  K  I  H  S  T  W  Y  A  O  O
A  J  M  R  H  F  S  E  C  V  F  Q  X  A  R
N  T  M  C  O  Q  Q  P  H  T  S  N  N  H  M
S  U  P  T  L  B  H  B  I  P  E  J  O  A  Z
P  T  O  R  T  U  J  P  D  K  M  R  I  M  E
I  H  N  W  O  D  L  O  O  C  E  Y  T  J  A
P  E  N  D  U  R  A  N  C  E  O  S  A  S  J
S  I  B  W  F  Q  O  V  Z  Q  D  D  R  M  S
Y  N  N  J  J  I  N  K  B  N  V  N  D  R  X
A  G  J  E  F  W  N  K  X  O  A  H  Y  G  R
O  O  H  Z  F  G  X  F  F  O  O  I  H  S  U
```

PHOTO FINISH	UNIFORM	STRETCHING
WIND GAUGE	WARM-UP	HYDRATION
TRACK SPIKES	COOL-DOWN	ENDURANCE

Olympic Word Search

Find the following words in the puzzle. Words are hidden down and across.

```
F T H M B Q S A E F S D S Z W
U C Z R E D G H E M G O T J X
F C E U Q I N H C E T N R U B
K L A I L S R E O A O U E D X
S H A I S J P M N I O X N X M
T K T G D Y N E T G L C G M P
M Y Y G U E D I E N V D T Y D
Q E N J A T T C A D A E H D R
E Y Z P S E S P E C T A T O R
I M J K P L P F H H F M I R B
M P O M F H Q U N V W W R Z F
Y S O G R T B X C O I B S B A
L C F Q Z A X V E B K N F R Z
H T F Z O Z O G P C S X P U U
X E Z M E C X K F M I I Y T Y
```

SPEED	TECHNIQUE	COMPETITION
STRENGTH	COACH	SPECTATOR
AGILITY	ATHLETE	FLAG

Olympic Word Search

Find the following words in the puzzle. Words are hidden down and across.

```
H C H U R S H O D Z R A Q C S
Y K T Z G F A C N F N E U Z S
Z F L N E R D Q R T K N A W L
X C I Z A V K B H O R N L V X
S R H W N S T E P X T U I F E
M A S C O T M R Q Z B R F Z M
D A G S P W S V A E U B I Z A
Y N O M E R E C V I X X E K L
Q D V A A U F E B K N I R T F
Z H I J B Y N U E F B I W L L
C L M J A T O W Q H X J N E Q
O G U V U H V T N V F G K G T
E Y U M R W K T B L O O R I N
G F O T L L U N N Y I K M W P
T G T W K H Z Y L G N E X R X
```

ANTHEM	FLAME	TRAINING
CEREMONY	RINGS	QUALIFIER
TORCH	MASCOT	EVENT

Olympic
Word search

Find the following words in the puzzle. Words are hidden down and across.

```
X V I Y S L U Z A Q Z R N E F
P A L Y R O T C I V Q F A Z V
C U B V E R R N U R R X T J R
A B S O O E N U H O P R I Q F
O H C P C G Q O T F O E O R Y
H C Z O U T T A G D L K N W B
X S R N U R T E R R P A A V E
N D L N M N E F A V L E L Y J
B Z D M E S B N S M T R I O E
E X B M L X P F N A U B T H B
Q R M U G R Z Q W U R E Y G N
V O L U N T E E R Y R I H W Y
C D N A B T A E W S G T D C T
H F H H O N I B W Z L X V W X
G E Y P G O W N P T Q F T L U
```

VICTORY LAP	COMMENTATOR	NATIONALITY
RUNNER-UP	VOLUNTEER	RECORD
TIEBREAKER	TEAM	SWEATBAND

Olympic Word Search

Find the following words in the puzzle. Words are hidden down and across.

```
C I W J S N D D V S O V R G
J G Z Z B M F H I P M Q K U N
M K B O T T L E R S S S V N I
M A R R T F M I X A T L C N P
I H E J D C N I P J V A Z E M
X H P T P T F K J H F H N R U
E C A V E O B G K W C P M C J
N X M R R D W G A R S M X Q E
E V A E T D Q O O S A F B G G
V A T M C Z X T K T I W K T A
D A X Z U X O W I Y B F X G H
W O I D Q Y A L E R Y I O V I
B W J O O X L X P M Z M E N Z
D U M I K W Z Y U T M I I I N
B M L N H Y N R F B B B K S F
```

WATER	RUNNER	TEAM
BOTTLE	SPRINTER	JUMPING
DISTANCE	RELAY	TORCH

Olympic Topics

WORD SEARCH

```
                           K
                           H
                       Z   O   S
                       S   C   A
                   V   U   K   W   W
                   K   L   E   U   I
               D   L   R   Y   L   P   Z
               S   S   O   C   C   E   R
       Y   U   F   F   I   E   L   D   P   W   A   R   S   T   R   E   N   G   T   H   L
       H   K   S   E   G   U   H   Y   D   R   A   T   I   O   N   E   Y   E   P
       X   M   Y   S   P   E   C   T   A   T   O   R   T   E   A   M   K
       M   A   S   C   O   T   I   G   S   I   N   E   T   X   P
       C   R   U   Z   F   L   T   X   T   I   S   G   J
           T   S   W   E   A   T   B   A   N   D   M
           T   S   U   R   F   I   N   G   N   C   Q
       R   H   K   I   V   O   L   U   N   T   E   E   R
       S   R   A   D   G   X       U   T   A   M   A   D
   U   D   F   Z   Q   F               F   R   I   N   G   S
   O   Y   S   L   X                   U   X   S   Z   J
V  W   X   J                               O   P   G   R
U  C                                           R   Z
Q                                                  Z
```

WORD LIST

FIELD	MASCOT	SPECTATOR	SWEATBAND
HOCKEY	RINGS	STRENGTH	TEAM
HYDRATION	SOCCER	SURFING	VOLUNTEER

WORD SEARCH SOLUTIONS

PAGE NO. 01
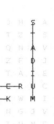

PAGE NO. 02
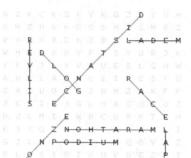

PAGE NO. 03
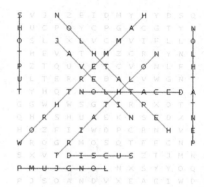

PAGE NO. 04
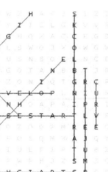

PAGE NO. 05
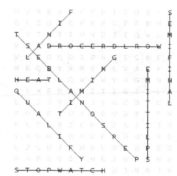

PAGE NO. 06
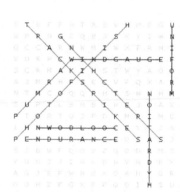

PAGE NO. 07
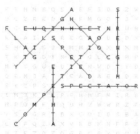

PAGE NO. 08
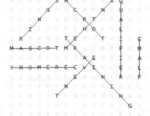

PAGE NO. 09
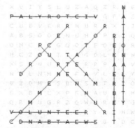

PAGE NO. 10
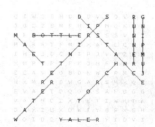

Olympic Topics

```
                    K
                    H
            Z       O       S
            S       C       A
        V   U       K   W   W
        K   L       E   U   I
    D   L   R       Y   L   P   Z
    S   S O C C E R
Y U F  F I E L D  P W A R  S T R E N G T H  L
H K S E G U  H Y D R A T I O N  E Y E P
X M Y  S P E C T A T O R   T E A M  K
    M A S C O T  I G S I N E T X P
        C R U Z F L T X T I S G J
        T  S W E A T B A N D  M
        T  S U R F I N G  N C Q
        R H K I  V O L U N T E E R
        S R A D G X   U T A M A D
    U D F Z Q F     F  R I N G S
    O Y S L X        U X S Z J
    V W X J             O P G R
    U C                    R Z
    Q                        Z
```

WORD LIST

FIELD	MASCOT	SPECTATOR	SWEATBAND
HOCKEY	RINGS	STRENGTH	TEAM
HYDRATION	SOCCER	SURFING	VOLUNTEER

Olympic Crosswords Puzzles

OLYMPIC CROSSWORD PUZZLE

Follow the picture clues and complete the puzzle.

OLYMPIC CROSSWORD PUZZLE

FOLLOW THE PICTURE CLUES AND COMPLETE THE PUZZLE.

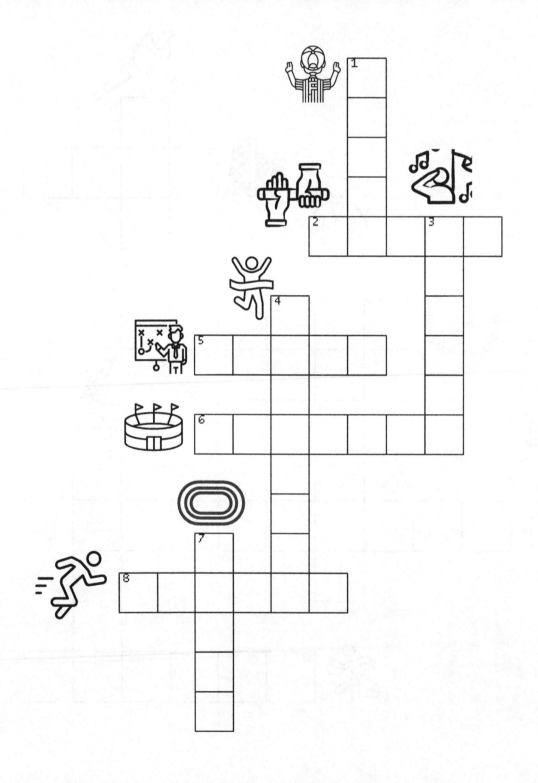

Olympic
CROSSWORD PUZZLE

Follow the picture clues and complete the puzzle.

OLYMPIC CROSSWORD PUZZLE

FOLLOW THE PICTURE CLUES AND COMPLETE THE PUZZLE.

OLYMPIC
CROSSWORD PUZZLE

Follow the picture clues and complete the puzzle.

OLYMPIC CROSSWORD PUZZLE

FOLLOW THE PICTURE CLUES AND COMPLETE THE PUZZLE.

OLYMPIC CROSSWORD PUZZLE

FOLLOW THE PICTURE CLUES AND COMPLETE THE PUZZLE.

OLYMPIC CROSSWORD PUZZLE

FOLLOW THE PICTURE CLUES AND COMPLETE THE PUZZLE.

Olympic
CROSSWORD PUZZLE
Follow the picture clues and complete the puzzle.

Olympics

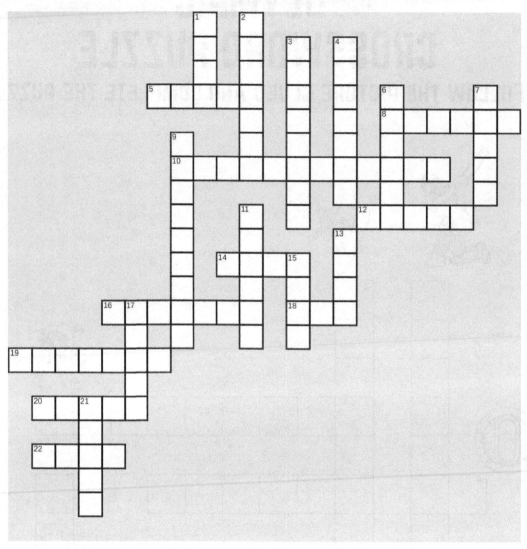

Across

5 Track &
8 Type of award
10 Symbol of the Games
12 Prize for winning
14 What is raised during awards ceremony
16 Person performing
18 Once around the track
19 Winning a competition
20 What coaches uses to time
22 Group of runners

Down

1 Speed competition
2 Place athletes run
3 Person who measures an event
4 What an athlete wears
6 Color of 3rd place
7 Person who trains athletes
9 Event athletes jump high in the air
11 Color of 2nd place
13 Lead into the air
15 Color of 1st place
17 Person runs with this to light the flame
21 How does an athlete get ready for the race?

WORD LIST:

ATHLETE	JUMP	RACE	TRAIN
BRONZE	LAP	RIBBON	UNIFORM
COACH	MEDAL	SILVER	VICTORY
FIELD	OFFICIAL	STADIUM	WATCH
FLAG	OLYMPICRINGS	TEAM	
GOLD	POLEVAULT	TORCH	

Olympic Athletes

Across

2 Olympic champ in women's pole vault

3 Shot putter's wife is his coach

5 World record holder in the women's 100 & 200

7 Top women's high jumper

9 Sprinter with long fingernails

12 World record holder in men's shot put

13 Won the most Olympic medals

Down

1 Fastest USA 200 runner

4 Top women discus thrower

6 World record in women's 400 hurdles

8 World champ in men's 110 hurdles

10 Hero of 1936 Olympics

11 Fastest man in 200

WORD LIST:

ALLMAN	FLOJO	MCLAUGHLIN	THOMAS
CROUSER	HOLLOWAY	MOON	
CUNNINGHAM	KOVACS	OWENS	
FELIX	LYLES	RICHARDSON	

Olympic Cities

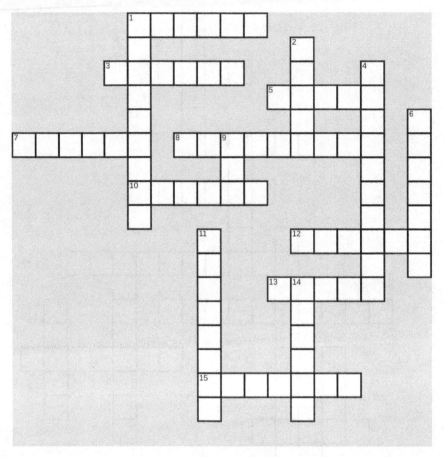

Across

1 2000 GAMES

3 USA DIDN'T COMPETE HERE

5 2021 OLYMPICS

7 1972 OLYMPICS

8 CITY IN SPAIN

10 CITY WHERE THE KING OF ENGLAND LIVES

12 WHERE JESSE OWENS COMPETED

13 WHERE IS THE EIFFEL TOWER?

15 CITY OF 1996 OLYMPIC GAMES

Down

1 SWEDISH CITY

2 SOUTH KOREA CITY

4 2028 OLYMPICS

6 2008 OLYMPICS

9 CITY IN BRAZIL

11 CANADIAN CITY

14 PLACE OF 1ST OLYMPIC GAMES

WORD LIST:

ATHENS	BERLIN	MOSCOW	SEOUL
ATLANTA	LONDON	MUNICH	STOCKHOLM
BARCELONA	LOSANGELES	PARIS	SYDNEY
BEIJING	MONTREAL	RIO	TOKYO

CROSSWORD SOLUTIONS

PAGE NO. 01

PAGE NO. 02

PAGE NO. 03

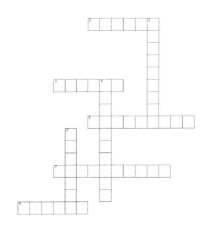

PAGE NO. 04

PAGE NO. 05

PAGE NO. 06

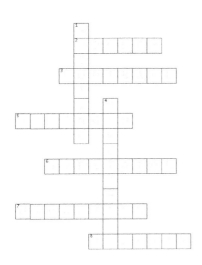

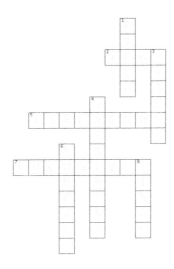

PAGE NO. 07

PAGE NO. 08

PAGE NO. 09

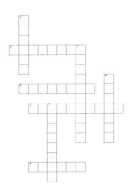

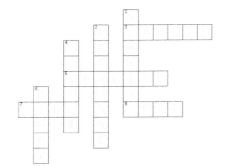

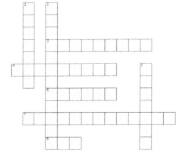

Olympics

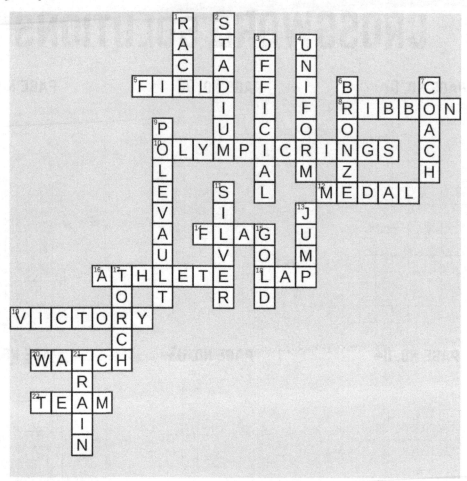

Across

5 Track &
8 Type of award
10 Symbol of the Games
12 Prize for winning
14 What is raised during awards ceremony
16 Person performing
18 Once around the track
19 Winning a competition
20 What coaches uses to time
22 Group of runners

Down

1 Speed competition
2 Place athletes run
3 Person who measures an event
4 What an athlete wears
6 Color of 3rd place
7 Person who trains athletes
9 Event athletes jump high in the air
11 Color of 2nd place
13 Lead into the air
15 Color of 1st place
17 Person runs with this to light the flame
21 How does an athlete get ready for the race?

<u>WORD LIST:</u>

ATHLETE	JUMP	RACE	TRAIN
BRONZE	LAP	RIBBON	UNIFORM
COACH	MEDAL	SILVER	VICTORY
FIELD	OFFICIAL	STADIUM	WATCH
FLAG	OLYMPICRINGS	TEAM	
GOLD	POLEVAULT	TORCH	

Olympic Athletes

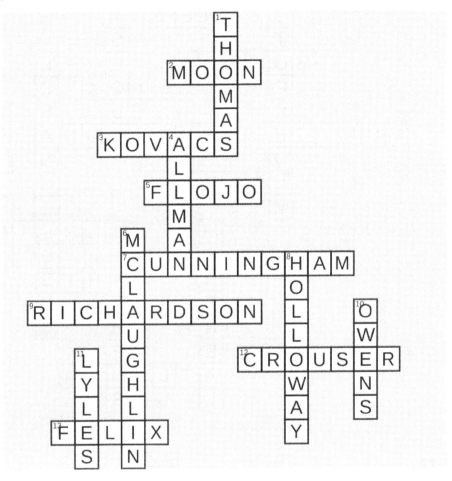

Across

2 Olympic champ in women's pole vault

3 Shot putter's wife is his coach

5 World record holder in the women's 100 & 200

7 Top women's high jumper

9 Sprinter with long fingernails

12 World record holder in men's shot put

13 Won the most Olympic medals

Down

1 Fastest USA 200 runner

4 Top women discus thrower

6 World record in women's 400 hurdles

8 World champ in men's 110 hurdles

10 Hero of 1936 Olympics

11 Fastest man in 200

WORD LIST:

ALLMAN	FLOJO	MCLAUGHLIN	THOMAS
CROUSER	HOLLOWAY	MOON	
CUNNINGHAM	KOVACS	OWENS	
FELIX	LYLES	RICHARDSON	

Olympic Cities

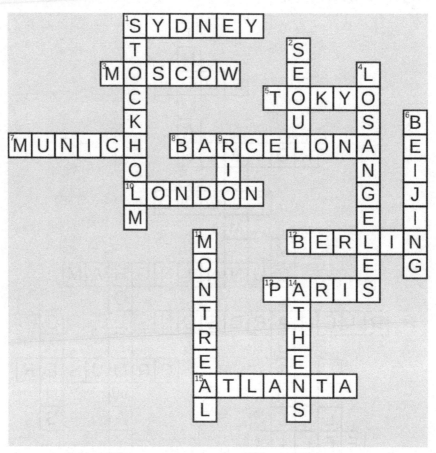

Across

1 2000 GAMES

3 USA DIDN'T COMPETE HERE

5 2021 OLYMPICS

7 1972 OLYMPICS

8 CITY IN SPAIN

10 CITY WHERE THE KING OF ENGLAND LIVES

12 WHERE JESSE OWENS COMPETED

13 WHERE IS THE EIFFEL TOWER?

15 CITY OF 1996 OLYMPIC GAMES

Down

1 SWEDISH CITY

2 SOUTH KOREA CITY

4 2028 OLYMPICS

6 2008 OLYMPICS

9 CITY IN BRAZIL

11 CANADIAN CITY

14 PLACE OF 1ST OLYMPIC GAMES

<u>WORD LIST:</u>

ATHENS	BERLIN	MOSCOW	SEOUL
ATLANTA	LONDON	MUNICH	STOCKHOLM
BARCELONA	LOSANGELES	PARIS	SYDNEY
BEIJING	MONTREAL	RIO	TOKYO

Olympic
Maze Puzzles

Olympic Maze

CAN YOU MAKE IT THROUGH THE OTHER END OF THE MAZE?

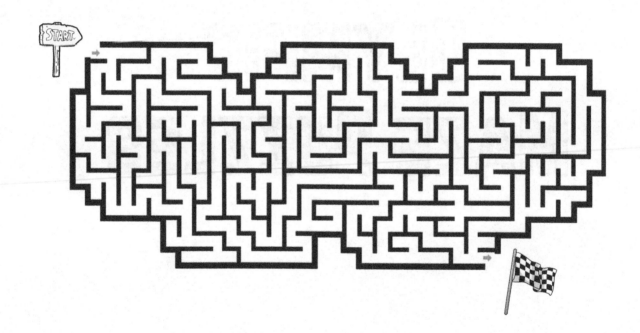

Olympic Maze

CAN YOU MAKE IT THROUGH THE OTHER END OF THE MAZE?

Olympic Maze

CAN YOU MAKE IT THROUGH THE OTHER END OF THE MAZE?

Olympic Maze

CAN YOU MAKE IT THROUGH THE OTHER END OF THE MAZE?

Olympic Maze

CAN YOU MAKE IT THROUGH THE OTHER END OF THE MAZE?

Olympic Maze

CAN YOU MAKE IT THROUGH THE OTHER END OF THE MAZE?

Olympic Maze

CAN YOU MAKE IT THROUGH THE OTHER END OF THE MAZE?

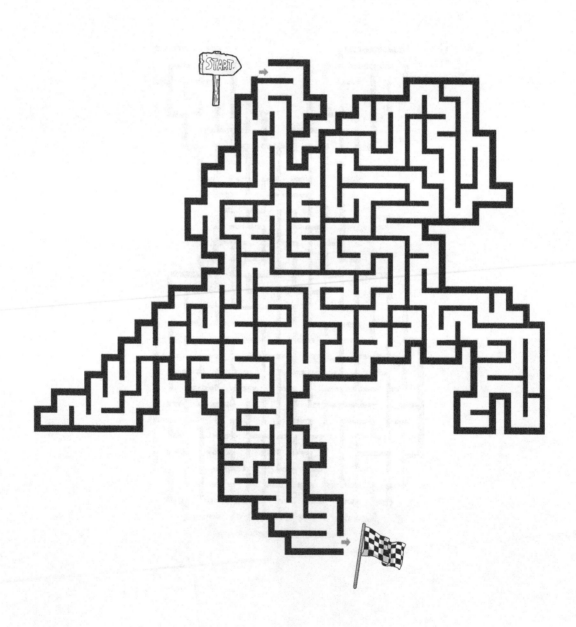

Olympic Maze

CAN YOU MAKE IT THROUGH THE OTHER END OF THE MAZE?

MAZE SOLUTIONS

PAGE NO. 01

PAGE NO. 02

PAGE NO. 03

PAGE NO. 04

PAGE NO. 05

PAGE NO. 06

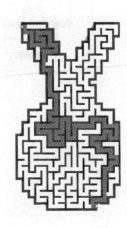

PAGE NO. 07

PAGE NO. 08

Olympic Bingo Cards

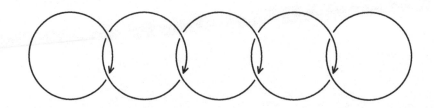

Olympic Bingo

Sprint	Hurdles	Relay	Baton	Start
Finish	Track	Field	Stadium	Medal
Gold	Silver	Bronze	Podium	Race
Lap	Distance	Marathon	Decathlon	Heptathlon
Pentathlon	Triathlon	Discus	Javelin	Shot put

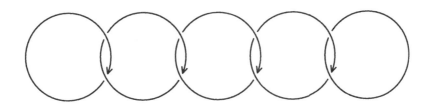

Olympic Bingo

Pentathlon	Race	Sprint	Gold	Podium
Throwing	Marathon	Javelin	Victory	Stopwatch
Flag	Discus	Strength	Bronze	runner
Hydration	Distance	Heptathlon	Torch	Anthem
Tiebreaker	Distance	Track	Endurance	Pole

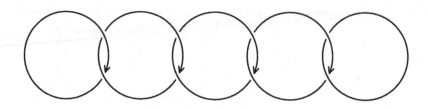

Olympic Bingo

Finish	Silver	Semifinal	Relay	Straightaway
Event	Heptathlon	Victory	Distance	Strength
Stretching	Pole	Stopwatch	team	Lap
Final	Qualify	Timing	Volunteer	Water
Starting	Competition	Technique	Start	blocks

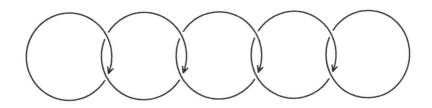

Olympic Bingo

Final	Silver	Athlete	spikes	Hurdles
circle	Water	Discus	Start	Rings
Triathlon	Ceremony	Record	Lane	Sweatband
Endurance	Vault	Shot put	Curve	Hydration
Pole	Qualifier	Jumping	Torch	vault

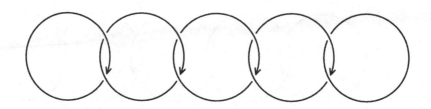

Olympic Bingo

Agility	Lap	Pole	runner	Race
Uniform	Commentator	Crossbar	Sprinter	Record
Finish	Sprint	Starting	Track	Strength
Coach	bottle	Straightaway	Decathlon	Hammer
Anthem	Stadium	Curve	Spectator	Flag

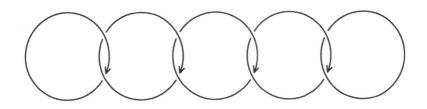

Olympic Bingo

Marathon	Field	Victory	Track	Pole
Pole	Sweatband	Distance	Hurdles	Podium
Volunteer	Gold	Silver	Mascot	Qualify
Bronze	Sprinter	Spectator	Javelin	Decathlon
Qualifier	Team	Technique	Competition	Baton

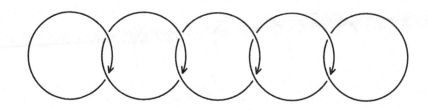

Olympic Bingo

Qualifier	Track	blocks	Strength	Hammer
Final	Curve	Start	Medal	Lane
Hurdles	Event	Technique	Coach	Track
Speed	Starting	Jumping	Stretching	Water
Straightaway	Torch	Heptathlon	Marathon	Pole

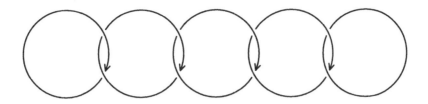

Olympic Bingo

Hammer	Commentator	Qualifier	Shot put	Sprinter
Discus	Uniform	Podium	Stretching	Starting
Gold	Hurdles	Distance	Throwing	Rings
Jumping	vault	Strength	Javelin	Team
Anthem	Timing	Start	Track	Agility

Made in the USA
Las Vegas, NV
06 July 2024